U0053811

漫畫佛學 之

轉心思維

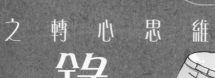

之轉心思維

錄

作者的話

美麗的人生是一次成功的價值投資，我們要合理佈局所擁有的生命財富，才能獲得想要的快樂和幸福，而實現這個目標的方法人們都會認可，那就是：好心態成就一生的美麗！

佛陀為了使眾生獲得真正永久的快樂，超越痛苦，教導我們「轉心四法」—— 從轉變心靈的四種思維方式開始，讓我們踏上自己的幸運之旅。

第一項基礎或思維是了解我們生而為人的機會為什麼會非常珍貴？我們又該如何守護這個珍貴人身。第二項思維是了解人生「無常」的觀念，並且明白如何面對無常。要使得生命有意義，第三種思維是了解輪迴的痛苦本質，如果我們不認為在輪迴中的生活觀以及世界觀有什麼不好或不對的話，就無法從中獲得解脫。第四項思維是了解業報因果的定律，這極為重要，因為如果我們不了解業報因果，就沒有任何行善、利他或禪修的理由，我們就可以沒有底線，為所欲為。

本書以簡潔的語言文字配合漫畫構圖，讓讀者在輕鬆愉悅的閱讀享受中，完成一次心靈思維的轉變之旅，這也是簡單、快樂的生活之道。希望書中所介紹的佛法智慧能為您帶來心靈成長，也能為您的生活帶來好運。

——慧日永明文創小組

漫畫佛學之轉心思維

①

人身難得

人身難得

如果下輩子還想再投胎做人！

猜一下，你的命中率會是多少？

如果一不小心，當下，

就被兩個無常大鬼送到了閻羅殿，

你覺得你是否經得起閻王爺的審判和考驗？

鬼工智能新時代的閻羅殿，

早就升級換代了無鬼操控新程序，

黑白無常親自送押都是想像，

鬼鬼們不需要再親自出馬，

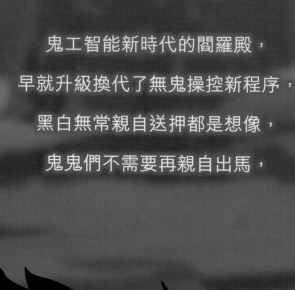

還用什麼木質手工防蛀秤杆、

動動嘴說服、上刑動手也不需要，

無鬼操控掃描技術

疾速就能將你的因果歷史稱重。

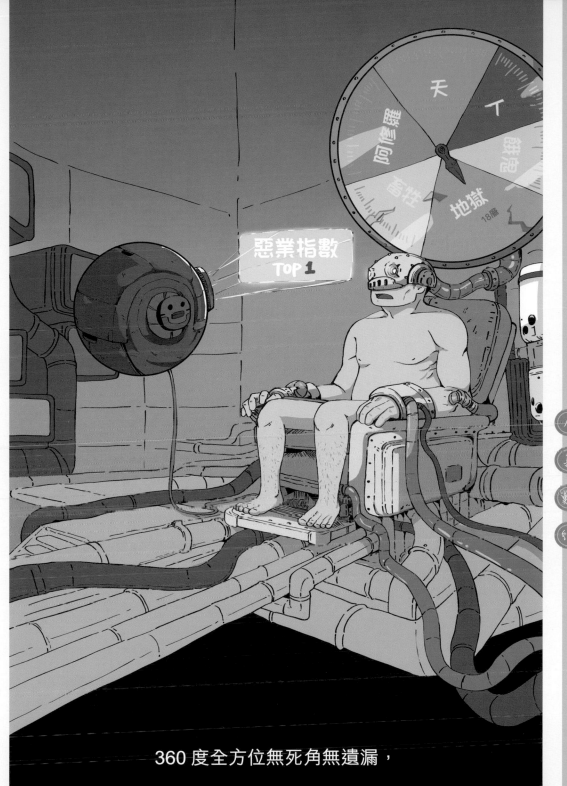

360 度全方位無死角無遺漏，

大數據全程多維高清掃描且立體展示，

一瞬間，

你未來將要投胎的方位結局盡現在前！

彼岸花開開彼岸，

奈何橋上嘆奈何。

——《玉歷寶鈔》

這時候，你哭了。

你後悔了，可是已經來不及了。

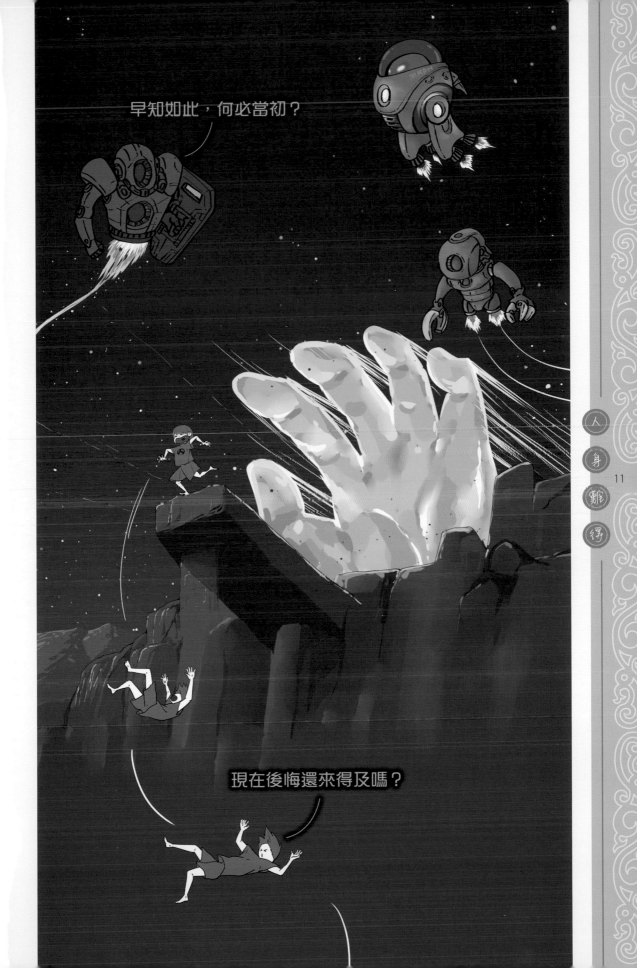

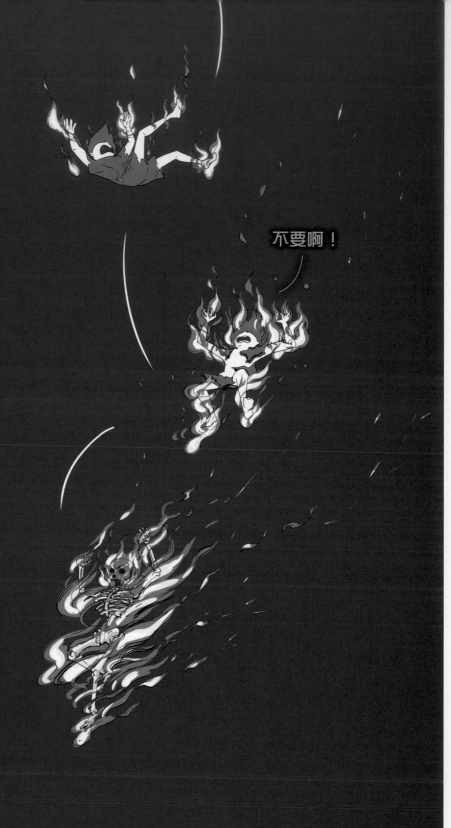

不要啊！

哈哈，不過還好，

如果，畢竟只是如果。

人身難得

人間

想後悔現在還來得及,

神算

唉，為什麼這麼多人，未來都是地獄相啊！

畢竟提前幾年或者幾十年苦練技法，

還是有機會

繼續提升投胎做人的命中率啊！

我不想再做貓了，你說我下輩子想做一個有錢有閒的人，有辦法嗎？

小白，我看你很有佛緣啊！要徹底脫胎換骨，還要再努力一下！

佛經中有一個「須彌穿針」的比喻：

一個人站在須彌山頂，吊下一縷細絲，

在須彌山下另一個人拿一根針迎着，

中間刮着猛烈的旋風，

須彌山

要想細絲恰好穿進針眼是非常困難的，
但我們得到人身比這更難。

如有一人在須彌山上，以纖縷下之，
一人在下持針迎之，中有旋嵐猛風，吹縷難入針孔。
人身難得，甚過於是。

——《提謂經》

那也太、太難了吧！

是啊，還有很多比喻說明得人身有多難。

在《涅槃經》還有「光壁撒豆，顆粒難留」以及「針尖堆豆，顆粒不存」等比喻。

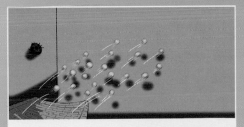

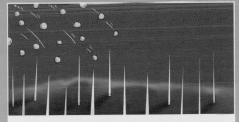

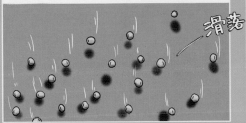

滑落

光壁撒豆。

就像往光滑的牆壁上
撒豆子一樣，
沒有一粒能停留在牆上。

針尖堆豆。

在針尖上堆豆子，
想讓豆子停留在針尖上，
也是不可能的。

所以，想再次得到人身，

是非常難，幾乎不可能。

另外，《雜阿含經》、《入胎經》、

《正法念處經》等很多經典中

都說過一個「盲龜值軛」的比喻：

人身難得

假設整個三千大千世界變成一大海洋，

海面上有一個耕地時連接牛角用的木材，

稱為木軛，在它上面有一孔洞。

木軛隨着波浪，剎那不停地四處漂蕩。

而在海底有隻盲龜，

每一百年升到海面上一次。

無心的木軛沒有尋找盲龜的念頭，

盲龜也不具備能看見木軛的眼睛。

假如木軛靜止於一處，

有可能與龜頸相遇，

然而它卻一剎那也不停留；

同樣，假設盲龜經常游在海面，
也有與木軛相遇的可能，
但牠每百年才浮出海面一次，
所以這兩者相遇相當難。

可是憑着偶爾的機緣，
盲龜頸也還是有可能正好鑽入木軛孔內，
而獲得一個閒暇圓滿的人身比這更為困難。

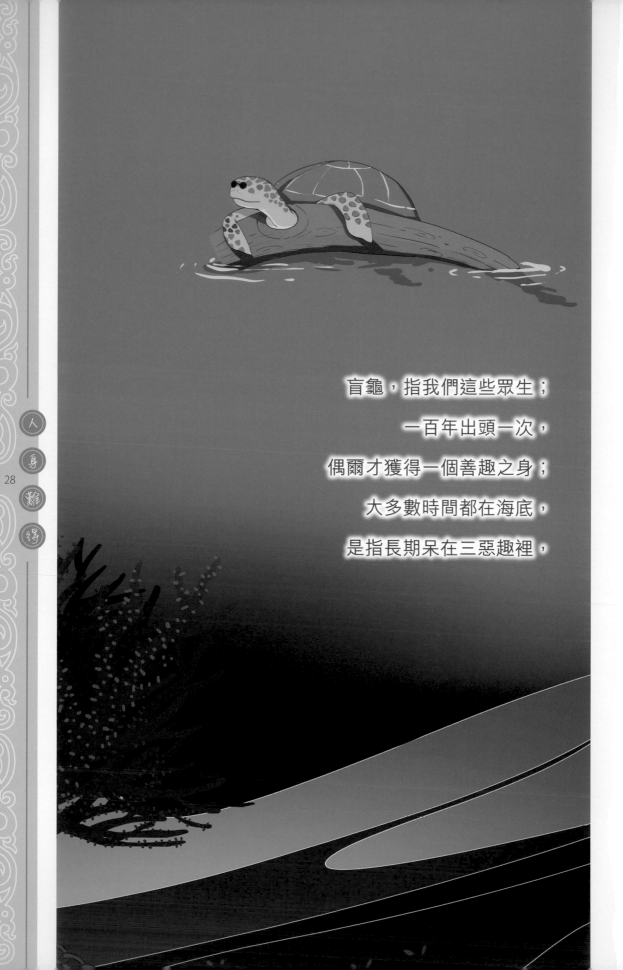

人身難得

盲龜，指我們這些眾生；
一百年出頭一次，
偶爾才獲得一個善趣之身；
大多數時間都在海底，
是指長期呆在三惡趣裡，

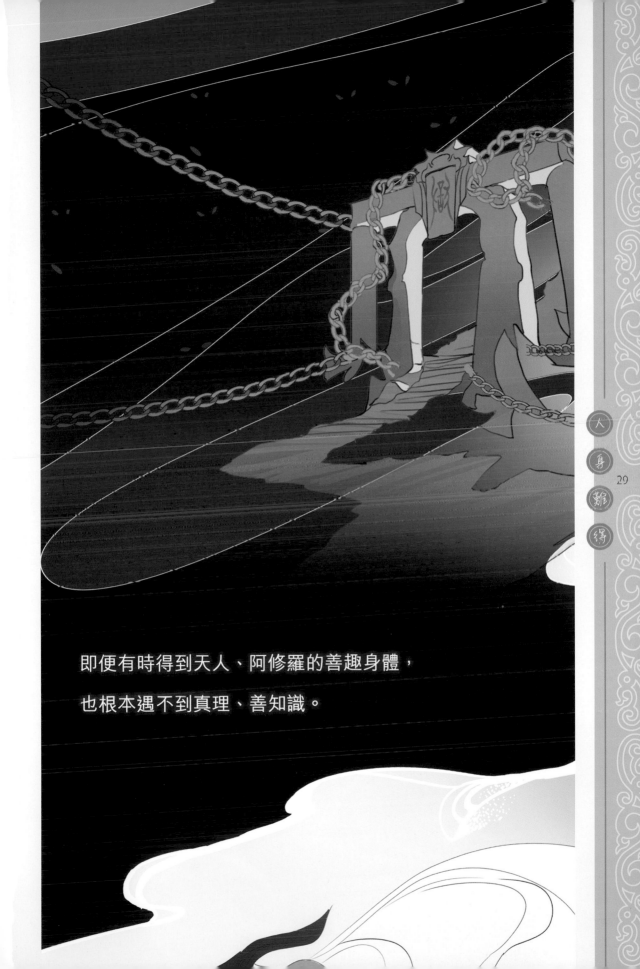

即便有時得到天人、阿修羅的善趣身體，
也根本遇不到真理、善知識。

大身難得

所以，如果把地獄眾生比作夜晚繁星，

而餓鬼道的眾生則如白晝的星星，

能看見的非常少。

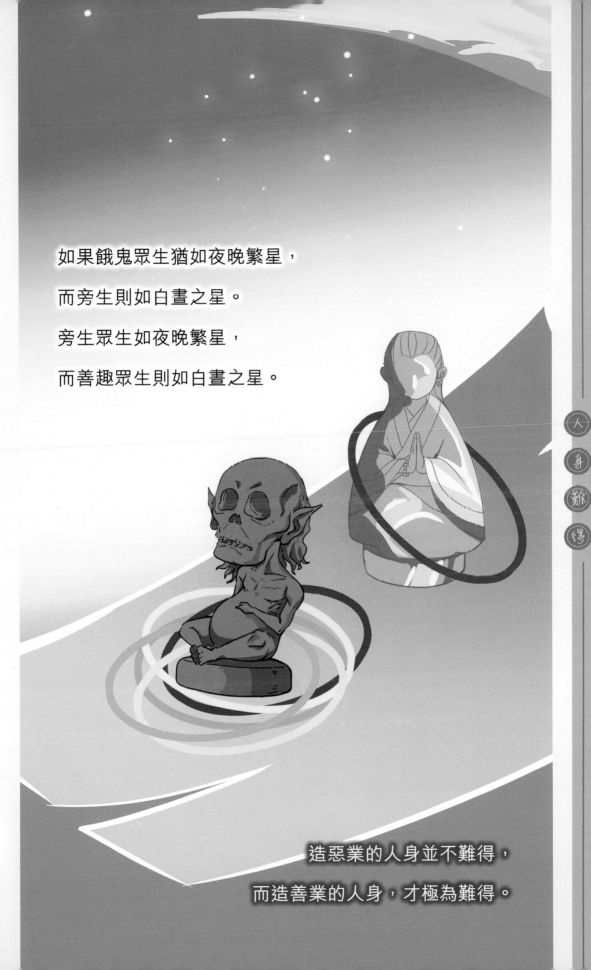

如果餓鬼眾生猶如夜晚繁星，

而旁生則如白晝之星。

旁生眾生如夜晚繁星，

而善趣眾生則如白晝之星。

造惡業的人身並不難得，

而造善業的人身，才極為難得。

小白，如果你成天只知道玩，
懵懵懂懂地繼續造惡業，
什麼法門都不學，
這個人身是很難得到的，
本來說暇滿人身珍貴難得，
但看見像你這樣的貓，
去求人身似乎也沒什麼
太大的必要。

汪～

哈哈
哈哈

人屬於萬物之靈，
人之特殊在於
有理性和抽象思維之能力，
內心具有創造和選擇的能力，
所以可以改變自己，改變世界。

人
身
難
得

其他眾生，或因瞋恨心時刻感受

寒熱刀劍等痛苦和煎熬，無法修行；

或因心胸狹窄，吝嗇，

貪心時刻感受飢餓乾渴等痛苦，

無法修行；

或因迷惑，愚痴，互相吞食而無法修行；

或因天性好鬥，每日爭戰不休，無法修行；

或因長時間安住於

無思無想的禪定中虛度光陰，無法修行。

人身難得

而人這種生命因為有苦有樂，

所以想擺脫痛苦，獲得更多快樂，

就會不斷努力，

很容易生起為求解脫而修行的心。

孔子曾經問道於老子，

朝聞道，夕死可矣！

孔子

人身難得今已得，大道難聞今已聞。
此身不向今生度，更向何生度此生。

呂洞賓

佛教經典《四十二章經》中也說：
「人身難得，真法難聞，中國難生」

如果你已經得到人身，生在中國，

還不好好珍惜機會，

這就像手握如意寶卻無義空耗，

或者到珍寶金洲卻空手而返一樣，

簡直愚不可及。

打個比方你要到很遠的地方去，

靠步行的話，很長時間才能到達，

而依靠四個輪子的車，則可迅速抵達目的地。

下輩子得人身不僅有把握，

甚至這輩子直接超升都有可能哦！

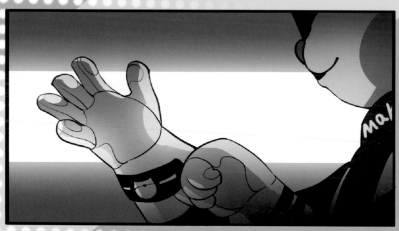

我送你一輛四輪方程式賽車「貓拉利」!!!

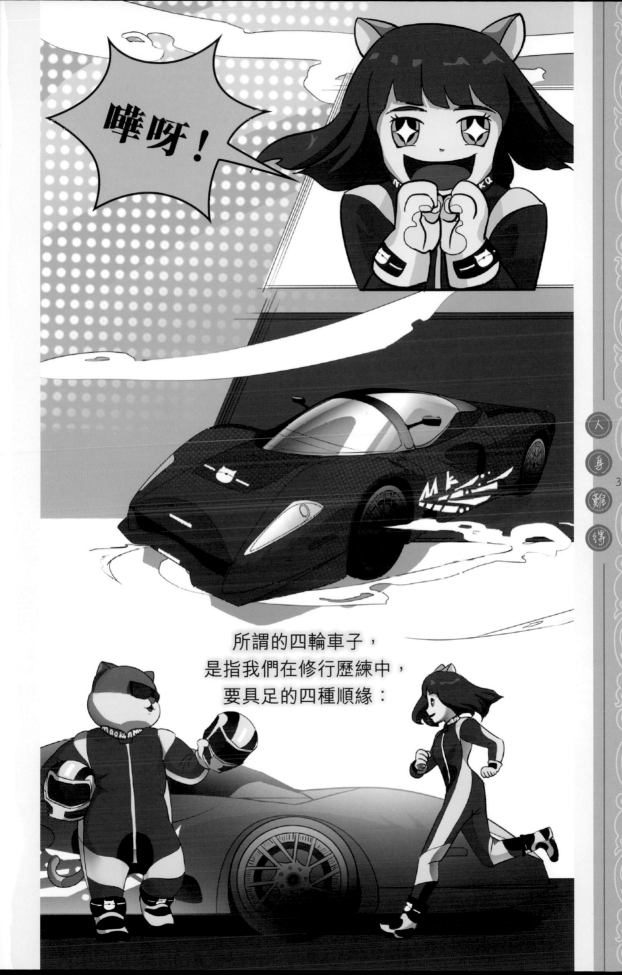

第一個輪子
我們要依止順境

我們不像人身有那麼好的機緣,
但我們比人更容易找到適合修行的寂靜地方,
遠離容易生煩惱、嘈雜喧鬧的惡劣環境。

孔子曾說「危邦不入」、「亂邦不居」，
特別雜亂的地方，他永遠不會居住。

現在有一些國家和城市的環境很亂，
我們要避開不良環境，
首先選擇適合修行的地方。

特別是在自己家裡修行的話，

要營造一個合適的氛圍。

閉門即深山，

每天安靜專心的關上門

修持 1 個小時也是好的。

人身難得

第二個輪子
依止善知識和夥伴

一切解脫均依賴於引路人和同行者，

所以，我們要依止有道心、

有智慧、有悲心和利他心的正士。

師父，我們來了。

人身難得

若自學、自修，
可能會慢慢退失信心。
因此，跟見修行果一致的夥伴共同修行，
這是非常重要的。

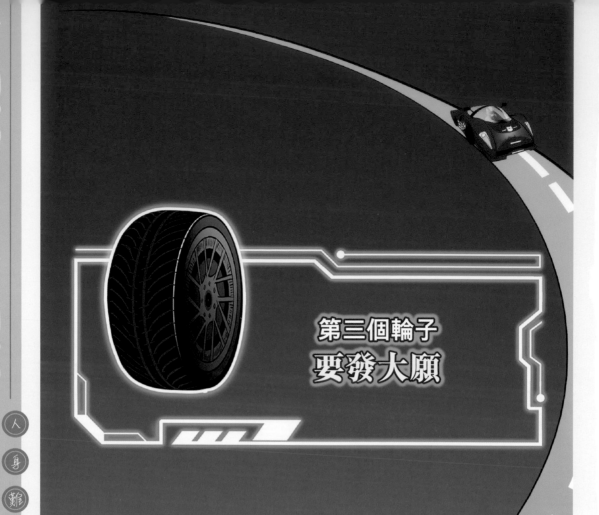

第三個輪子
要發大願

人身難得

我們行持任何一個善法，
應以利益眾生的心攝持，
哪怕坐一座禪、念幾分鐘經典，
也要回向無邊無量的一切眾生，
願他們獲得暫時與究竟的安樂。

清淨一切善業力，
摧滅一切煩惱力，
降伏一切諸魔力，
圓滿普賢諸行力。

若沒有這樣發願，

就算做了很大的善事，

善根也不會廣大。

特別在佛前、

善知識和善友面前發誓願，

加上他們的提攜和互助，

將來願力一定會得以現前。

第四個輪子
要「積大福」

就是我們要給自己積累廣大福德。

我們今生能遇到解脫的成就之法，

依止善知識和夥伴，

有機會修持無上真理之道，

並不是平白無故、無因無緣的，

而是多生累劫中

積累過廣大資糧所致。

我們現在仍要不斷地積累資糧，

若沒有資糧，

獲得究竟成就是不現實的。

人身難得

人身難得

其他的四輪車子有沒有也不重要，

最關鍵的是要依止順境、親近正士、

發大宏願、積累福報，

這四大輪不可缺少。

倘若少了其中任何一個，
就如同車子少了一個輪子，
修行是不可能圓滿成就的。

生而為人，

你且修身，

你且渡人，

你且如水，

居惡淵而為善，

無尤也。

漫畫佛學之轉心思維

②

無常

你

認真的

思考過這個 世界 嗎？

當你正在桃園中觀賞着桃花，

彷彿周圍一切美好都是靜止的。

可實際上它們的內在，

無時無刻不在發生着**變化**。

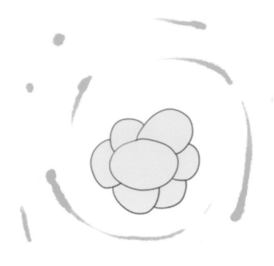

世界上沒有任何一個事物是恆固不變的，

無論什麼東西，在產生的那一刻開始，

都注定要步向壞滅，

而且隨時都有可能壞滅！

這就是佛家世界觀裡的重要概念之一：

無常

這是一種巧合嗎'？
我們也叫無常。

有人説，黑白無常象徵着黑夜和白天，

它們輪番交替，索去人們的青春壽命，

所以叫索命鬼，這種説法你覺得有道理嗎？

整個世界，從宏觀到微觀，

任何一個大單位都是由其他小單位組成的，

小單位又是更小的單位組成的，

而在無數的單位中，

根本找不到一個固定不變的獨立單位。

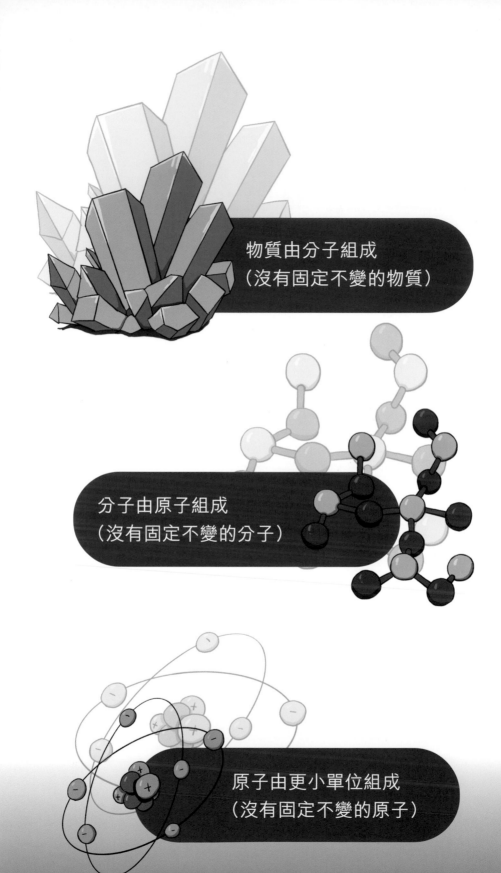

物質由分子組成
（沒有固定不變的物質）

分子由原子組成
（沒有固定不變的分子）

原子由更小單位組成
（沒有固定不變的原子）

既然沒有固定不變的單位，

那麼，

由單位組成的世界也一樣沒有固定可言。

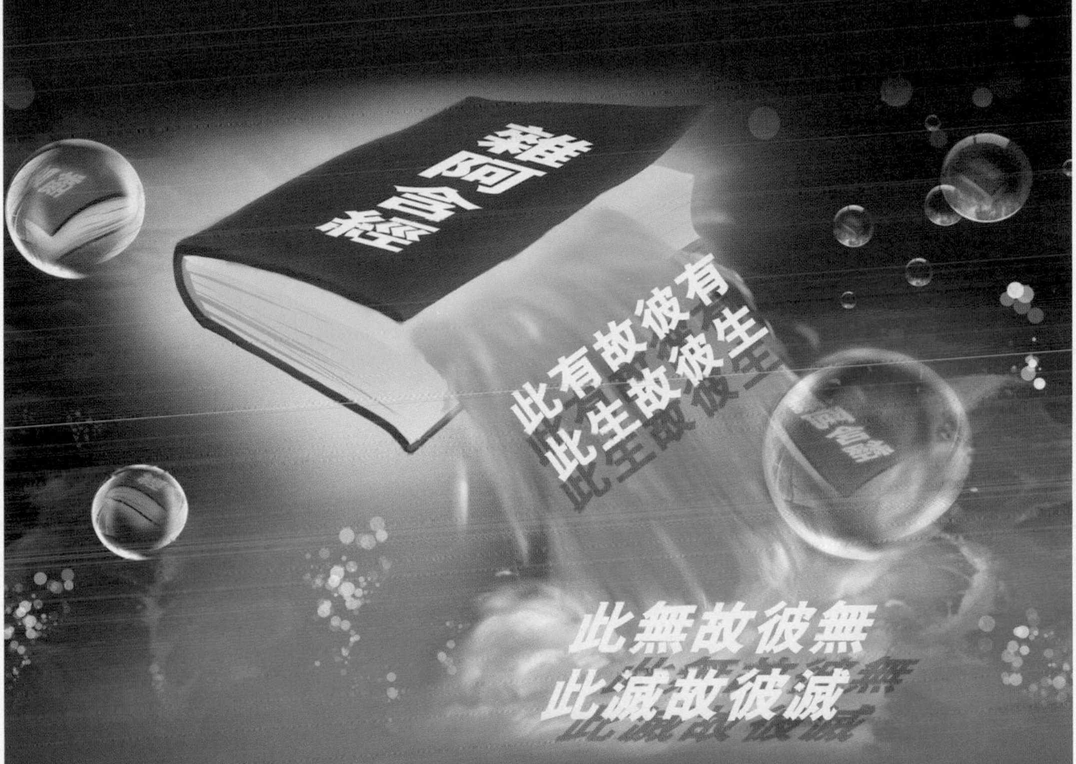

雜阿含經

此有故彼有
此生故彼生

此無故彼無
此滅故彼滅

緣聚則生，緣散則滅，

緣生緣滅的無常相，

就是這個世界的真實現象。

無常

三理・無常四相

一・物理

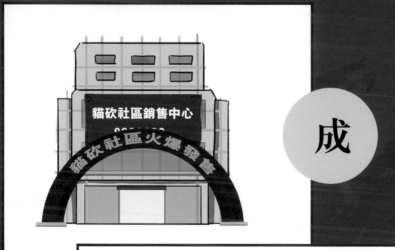

成

住

貓砍社區銷售中心

貓砍社區火爆發售

貓砍小店

貓砍小店

貓砍大畫

壞

空

宏觀天下，

無論是地貌山河，

還是建築器具，

不用說滄海桑田，

就兒時的世界至今已然巨變；

不用說兒時，

就今年的世界相較去年也已煥然一新；

不用說去年，

就今天的世界都已不能等同於昨天；

細推之，當下的世界無時無刻不在遷移變化。

二·生理

生

老

病

死

百年前世界上的所有人，至今幾乎都已死去。
現在世界上的所有人，百年後也都會消失。

每個人從出生那一刻就開始走向死亡。

雖然我們從沒見過指甲生、頭髮長，

但內在的新陳代謝時刻都在發生。

而外在的不確定性也隨時可能降臨！

早上還好好的，
真是人生無常啊！

三‧心理

如：喜歡一個人，這一念喜歡的心也是無常的。

我真心喜歡你！

生

住

你簡直煩死人啦！

異

滅

無
常

歷史舞台，見證過浪子回頭，

也上演過君子墮落，

這就是心理無常的表徵。

產生怎樣的心理狀態，

也是受各種因緣影響的，

隨着因緣的變化，

我們心理也時刻在發生着變化。

人的主觀
甚至都做不到每餐只喜歡吃同一道菜，
更不會有什麼地久天長可言！

真想不明白，小時候我怎麼
會許願天天吃這玩意兒！

無常不容小覷

所謂

佛法在世間，不離世間覺。

眾生迷失在世間法則中，

也自然可以在世間法則中覺醒，

而無常揭示的正是這世間法則的真相，

因此，無論是做人的基本醒悟與豁達，

還是最終超凡入聖的自在解脫，

都一定離不開對無常的深入了達。

你怎麼這麼想得開？

人生短暫，有些事沒必要。

也正因為這樣，

無常也被列為佛法的**法印**之一。

[法印]

法，指佛法，印，喻印璽，
可用來印證佛法的真偽。
佛教認為，凡符合法印的就是佛法，
違背法印的則非佛法。
根據流派與傳承的不同，
分別有「三法印」與「四法印」兩種説法。

一切無常！

PASS

經書　經書　經書

懂無常

很多人都容易有個誤區，
認為自己是懂無常的，其實不然！
因為我們的這種懂，有可能還只在表層，
而顛倒執着的習性卻早已到達了深層。
這種表層的認識，
在現實境界中是很難產生真實受用的！

無
常

你這麼想得開，那我就放心了，
其實他說的是真的！

你臉怎麼綠了？

修行圈的人認為，
對無常這種層度的認識雖然也很好，
但還不夠。

要想得到這個法義的真正利益，

必須進一步

對無常進行反復的思維、觀察、驗證，

直到滲透內心深處，乃至徹底改正世界觀。

為什麼要懂無常

如果我們知道門後藏有一個人，

當他突然出現時，

我們就不會受到過度的驚嚇。

如果人們真正懂得無常，

則面對無常時，

內心也不會受到太大的意外挫傷！

嘻嘻～嘘─

淘氣……

不懂無常，
我們總會潛意識的對未來設定默認值，
習慣的默認未來一定會以某種形態發生，
當發生的形態與默認產生衝突時，
痛苦也就隨之形成。

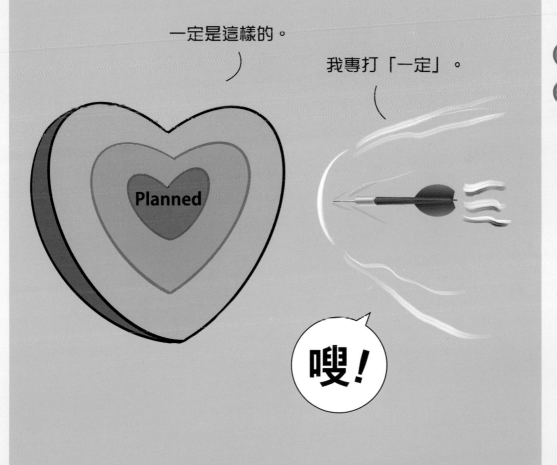

一定是這樣的。

我專打「一定」。

Planned

嗖！

我們總習慣的默認，
對我好的人會一直對我好。
可實際上對方之所以對我好，
也是由眾多因緣結合的。

當緣分不足時，他可以變得不再對我好，
如果對無常沒有足夠的先知先覺，
當那一刻發生時就會**難以接受**。

今天的我已經不是昨天的我了，放手吧！

我們總習慣期盼好運長存，

可實際上，好運也是由各種因緣促成，

當緣分變化時，降臨的也有可能會是厄運，

如果沒有做好迎接一切的準備，

當無常來臨，我們就會很容易陷入陰霾。

無

常

我們總習慣認同自己的感知，
可實際上，感知也是由因緣和合而形成的，
當緣分遷變，我們的感知也會變化，
如果不認識自心無常，就容易迷失於自心，
從而導致人生的各種遺憾！

總是這樣思考無常，豈不是變得很消極？

我們接着往下探討。

無常不是消極因

無常是世界的本來現象，

不是人為創造的新概念，

學習無常只是在心中還原對世界的正確認知，

我們生活在無常的世界中，

認識無常是每個人的本分事。

呃……一邊紫蘋果，
一邊綠蘋果。

人家只是
一個單純的
小果果～

無常不是導致消極的原因，

消極的心態本身也是因緣結合的產物，

是否會產生消極，一樣要看各自的不同因緣。

雖然有的人會像林黛玉一樣，

看到花開花落的無常，就會簌簌流淚。

為何美好的事物總不
能久留，而我的憂傷
卻揮之不去！

可是也有的人恰恰相反，
他們因為懂得了無常
逢人遇事變得不再較真，
處世態度變得更加樂觀了。

桃花謝了，離香甜的
蜜桃還會遠嗎？

也有的人，聽說了無常的道理後，

知道一切事物都不可久留，

從此對身邊的每一個緣分都倍感珍惜！

也有的人，因為懂得了無常，

深感人身難得，時間寶貴，

從而抓住自己的青春，

為夢想不懈的奮鬥，

最終成就了卓越人生。

我要爭取在有限的時光裡
綻放出所有的芬芳。

甚至還有很多修行人，
僅僅只是因為觀察無常，
就能通達萬法實相，開悟成道！

無常的積極性

無常不是剝奪幸福的殺手，
恰恰因為無常的變易，
世界才有了生機。

如果沒有變易，農夫的耕種就無法豐收果實。

如果沒有變易，人類就無法進步，
社會也無從發展。

如果沒有變易，
苦難的眾生則永遠不能解脫！

無常告訴我們，凡事都是因緣和合而形成的結果。
想要得到某種結果，首先自身要有積極進取的起因，
這叫作：因上努力

而「緣」有關過去、現在、未來，三世緣分非常繁廣，
並不是完全都能以現世意志為轉移，
當緣分不足時，我們也要學會釋然放下，
這就是：果上隨緣

俗話也説：謀事在人，成事在天。
這其實就是佛家的一種入世智慧，
該提起時則提起，該放下時則放下，
因此，無常不但是積極的，
而更在積極上增加了一層智慧的昇華。

無常頻道裡的活法

萬事萬物，都是眾多因緣假合而成的，

緣聚緣散，緣生緣滅，

所以：

無常

重要零件的損壞，就會導致整部車子癱瘓，而我是由這麼多零件組成的，又怎麼會有辦法保持恆常不變呢？

既是因緣假合體，

那當中就不會有一個真實的自我單位存在，

所以：

無我

我不是車，我叫動力，
我有我自己的組織。

我不是車，我叫輪胎，
我有我自己的組織。

我不是車，我叫方向盤，
我有我自己的組織。

我不是車，我叫蓄電瓶，
我有我自己的組織。

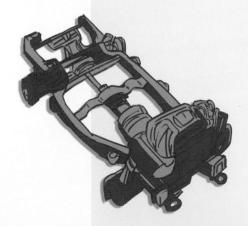

我不是車，我叫底盤，
我有我自己的組織。

我不是車，我叫車殼，
我有我自己的組織。

它們都各有各的名稱單位，
它們各歸本位的話，
我～實在不能說有我啊！

無常

無常、無我相是世間萬法的真實現象，
這個現象就和夢幻一樣。

一切有為法，如夢幻泡影，
如露亦如電，應作如是觀。

如果不是夢，
試問十年前的世界如今在何處？
如果不是戲，
試問幾個人真正堅守了曾經的諾言？

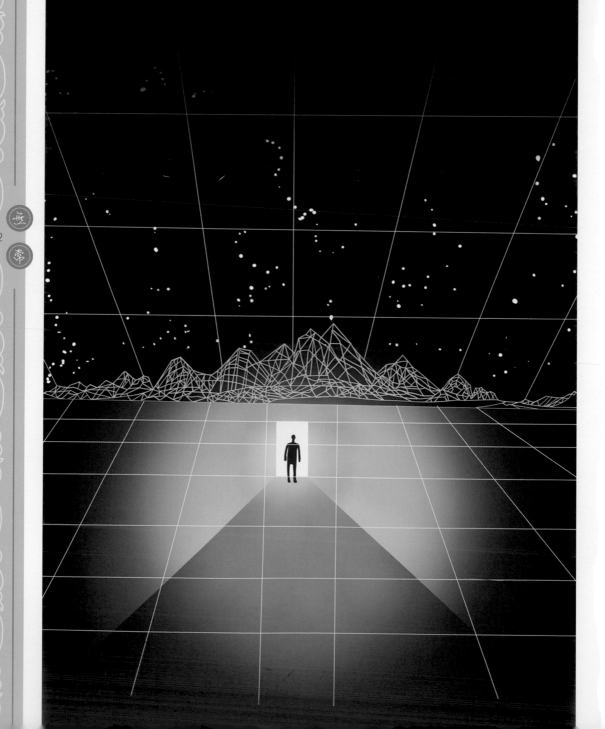

這是每一個眾生都應當看到的一層真相。

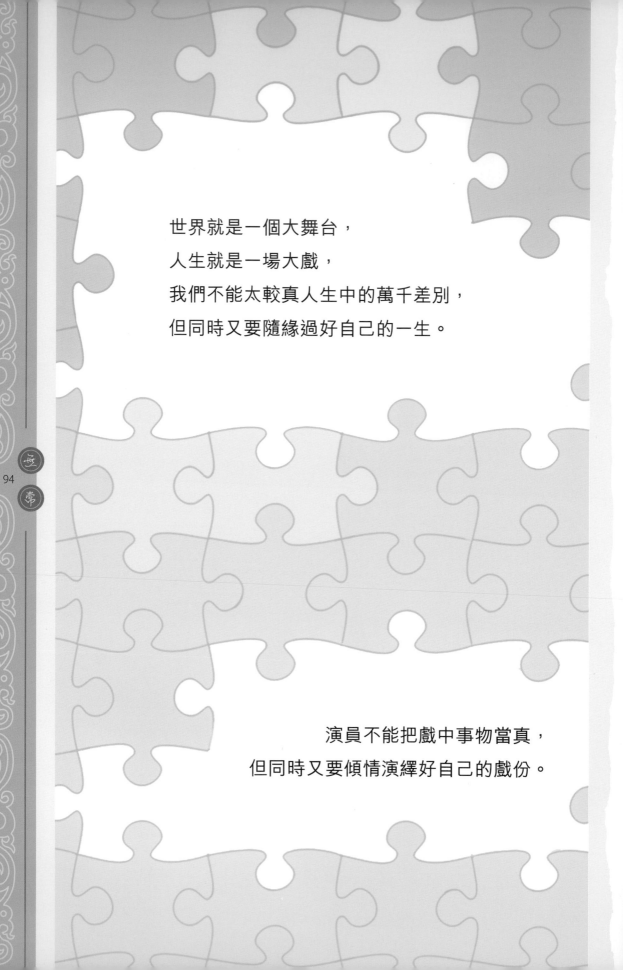

世界就是一個大舞台，
人生就是一場大戲，
我們不能太較真人生中的萬千差別，
但同時又要隨緣過好自己的一生。

演員不能把戲中事物當真，
但同時又要傾情演繹好自己的戲份。

無

常

演員的自我修養

作者
史坦尼斯拉夫斯基

這是演員**入戲**與**出戲**的自知之明，
也是佛家**有**與**空**的雙運智慧。

只有這樣拿得起也放得下，
才能算一個圓滿的人生，
而這一切都源自於對「無常」的通達。

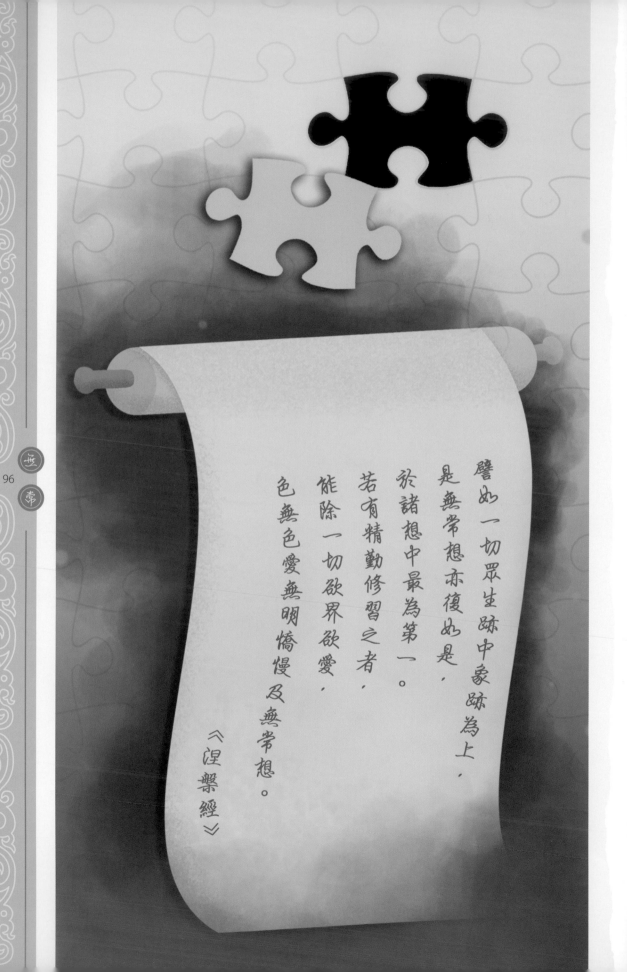

譬如一切眾生跡中象跡為上，
是無常想亦復如是，
於諸想中最為第一。
若有精勤修習之者，
能除一切欲界欲愛、
色無色愛無明憍慢及無常想。

《涅槃經》

漫畫佛學之轉心思維

③

輪迴

有些問題看起來很複雜，

但是答案卻出奇的簡單。

有些問題看起來很簡單，

　但是要得到答案卻要

踏上一條少有人走的路。

於是，有人走出人群，去追尋答案。

我是誰？我從哪兒來？
我為什麼在這裡？

這是偶然嗎？一雙上帝之手在導演着一切？

還是23對染色體的隨機碰撞？

每一個晝夜交替的間隙，

斗轉星移，

宇宙以一種我們

無法探測到全貌的力量，

無聲無息地運作着。

渺小如人類，

被時間的枷鎖

捆綁在娑婆世界，

向死而生。

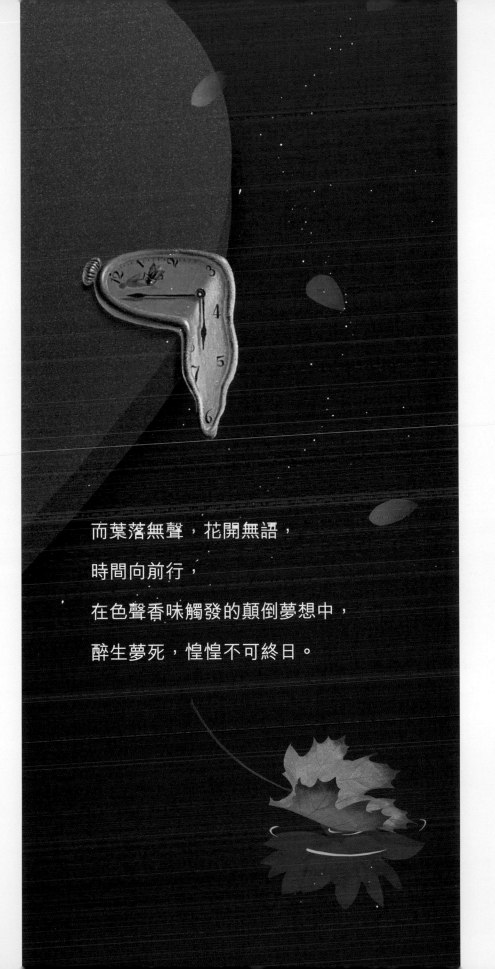

而葉落無聲，花開無語，

時間向前行，

在色聲香味觸發的顛倒夢想中，

醉生夢死，惶惶不可終日。

人生自呱呱落地時起，
便朝着前方吹起了生命的號角。

學步時，以為
前方是母親溫暖的懷抱，

少年時，以為
前方是掙脫牢籠的自由，

青年時，以為前方是
前程似錦美人如玉，

中年時，
以為前方是
功成名就宏圖大展，

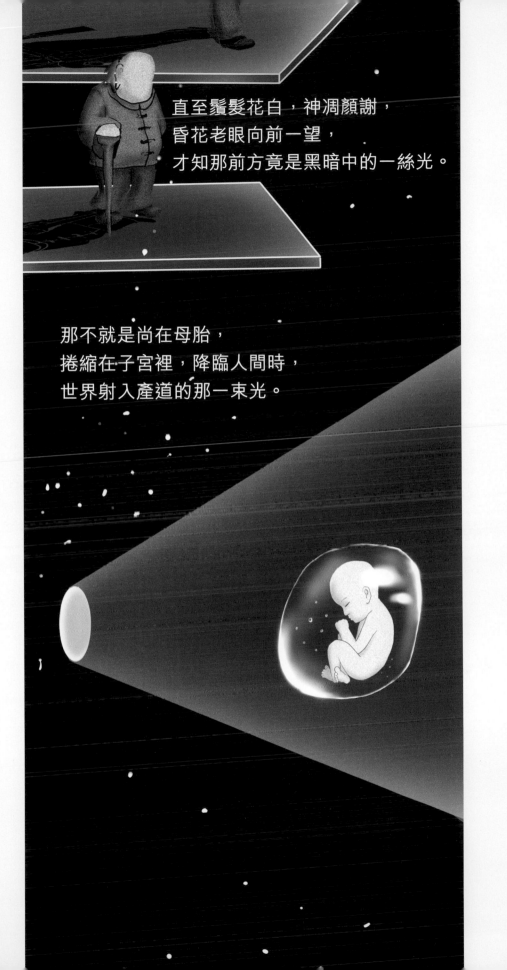

直至鬢髮花白，神凋顏謝，
昏花老眼向前一望，
才知那前方竟是黑暗中的一絲光。

那不就是尚在母胎，
捲縮在子宮裡，降臨人間時，
世界射入產道的那一束光。

說到底，這世界，

誰人不是向死而生。

遠在十萬光年之外的 「朋友」，

也許觀察着我們的

股市崩盤、地震、海嘯……

就如同我們觀察着螞蟻世界的大戰，

存在本身是否具備意義，

似乎只在於存在者本身，

螞蟻大戰無論哪一方獲勝，

也都不會影響娑婆世界的日升月落；

人類之於宇宙，

也無非是恆河的一粒沙，

而每一粒沙都有機會衝破河堤的束縛，

最終流向大海。

輪
迴

109

輪
迴

400 年前的法國，笛卡兒發出對生命的質疑

「我思故我在」

他的哲學追求的起點，

是對人類認知能力最根本、

最徹底的懷疑。

我不得不懷疑，
整個世界是否
僅僅是一個夢幻

笛卡兒

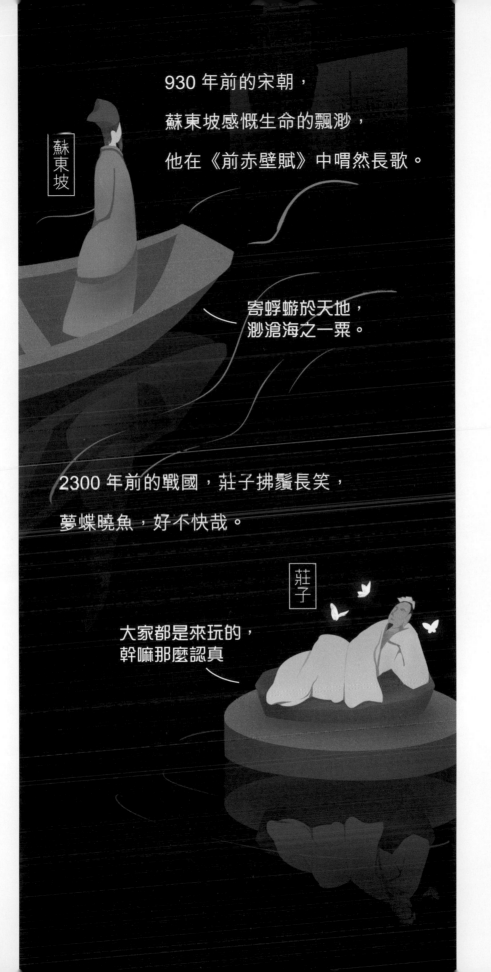

930 年前的宋朝，

蘇東坡感慨生命的飄渺，

他在《前赤壁賦》中喟然長歌。

蘇東坡

寄蜉蝣於天地，
渺滄海之一粟。

2300 年前的戰國，莊子拂鬚長笑，

夢蝶曉魚，好不快哉。

莊子

大家都是來玩的，
幹嘛那麼認真

而 2500 年前的春秋，
老子早就騎着青牛出了函谷關。

大家慢慢玩，我先走了

那可以留下
一點攻略嗎？

道可道，
非常道……

而越過空間的帷幔，
地球另一邊的印度王子，
則向我們闡明，人生吶，
是一場場的輪迴。

輪
迴

存在的意義便是要跳出這輪迴，
這是迷失在輪迴中的
每個靈魂的最終目的地，
雖然玩多久取決於自由意志，
時間只是體驗的工具，
長和短都沒有區別，
唯一的區別只在於，
究竟體驗到何時，
你才會記起，
那個真正的自己。

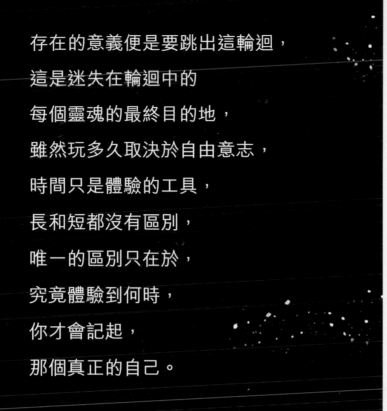

而在這場輪迴的漩渦中沉浮的眾生，

終於擁有了一套完整的文字系統來認知，

這場如夢如幻的人生大戰。

這是佛陀傾其一生

向世人撒播的菩提種子。

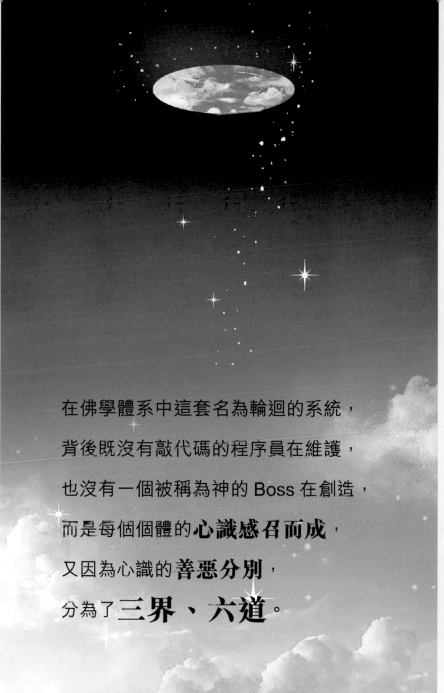

在佛學體系中這套名為輪迴的系統，

背後既沒有敲代碼的程序員在維護，

也沒有一個被稱為神的 Boss 在創造，

而是每個個體的**心識感召而成**，

又因為心識的**善惡分別**，

分為了**三界、六道**。

三界主要是從**境界**上區分，

六道則是依據**果報種類**區分。

三界從下往上分為**欲界**、**色界**、**無色界**。

那麼怎麼區分三界呢？

第一看有沒有**欲**

這裡的欲並不僅僅表示那種不可描述的欲望，

還包含了食欲、睡欲……

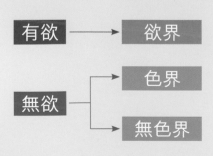

第二看有沒有**色身**

佛學中的「色」並不是世俗中通常認為的那個「色」，

在佛學體系中，

「色」是整個物質世界的統稱，

所有可以看到和感覺到的都被稱為「色」，

因此，**色身**也就是説我們這個

有形的身體。

有色身 ⟶	色界
無色身 ⟶	無色界

如果你以為這套系統也就三級，

那就太天真了，朋友。

佛教宇宙觀認為三界因其精微的差別，

還可以分為**二十八天**，

隨着你在系統中逐步升級，

搭載的伺服器版本也就越高級。

直到你突破了二十八天的瓶頸，

也就脫離了輪迴系統，

在佛界，這被稱為**涅槃**。

輪迴

too young
too simple

無色界

非想非非想處天
無所有處天
識無邊處天
空無邊處天

色界

色究竟天
善現天
善見天
無熱天
無煩天
無想天
廣果天
福愛天
福生天
遍淨天
無量淨天
少淨天
光音天
無量光天
少光天
大梵天
梵輔天
梵眾天

欲界

他化自在天
化樂天
兜率天
夜摩天
忉利天
四天王天

注：在佛教體系中，「涅槃」還分為無餘涅槃
和有餘涅槃，感興趣的朋友們可以自行鑽研。

當然，你能看到這篇文章，很遺憾，

說明你跟大部分欲望難消，

煩惱妄想不斷的眾生一樣，

還處於底端伺服器——**欲界**。

解說太難了，還是
吃喝玩樂更開心啊

就是因為這種貪著歡娛之心阻礙
了升級之路，
以至於大家一遍遍的在輪迴系統的
最底端流浪，變成了井底之蛙。

然而，就算是做井底的蛙，

也還因為**各自業力的區別**，

生在了**不同的水井**。

有的蛙生下來就注定成為

飯桌上的牛蛙，滑入了不知名的腸胃；

有的蛙則需要跟其他更多的蛙，

擁擠在**黑暗狹小的枯井**；

有的蛙天生俊美，

獨享超豪華獨棟水井，

成為**蛙生贏家**；

而，還有的蛙，

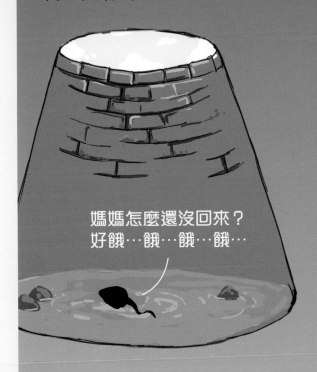

媽媽怎麼還沒回來？
好餓…餓…餓…餓…

可能都還沒有成為

真正意義上的蛙，

就結束了短暫的一生。

GAME OVER

因此，在輪迴系統中，

按照每個人

因果業力的不同，

善惡業的分別，

感召了

以善業為主的上三道，

天道、人道、阿修羅道

和以惡業為主的下三道，

地獄道、餓鬼道、畜生道

以上統稱為六道。

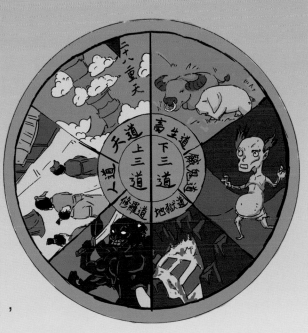

天道

在六道輪迴中分佈廣，境界跨度大，

屬性類別多，**遍及三界**。

據說還在欲界中的天道眾生，

因為跟我們一樣還有欲望，

因此還有**男女之別**，也有**婚姻嫁娶**。

但是跟我們理解的婚姻嫁娶還是有區別的，

滿足情欲的方式也完全**打破物理規則**。

比如，四天王天、忉利天是以氣和合陰陽；

焰摩天只要互相靠近，兜率天**牽牽小手**，

化樂天彼此**深情相視**，他化自在天就更省事了，

只要短暫的對視就完成了人類的創造過程。

而升到了**色界**的天人們，已經不需要炫技了，

因為他們已經擺脫了對欲望的執着，

只是尚未從形體的束縛中解脫，

雖然還有一個物質的形體，但是已經十分的淨妙，

因為沒有了為愛鼓掌的淫欲心，所以他們已**沒有男女之別**，

成為了真正意義上的**食光者**，

以光作為他們的語言和食物。

到了**無色界**的天人們，

他們的境界已經無法用語言描述，

因為他們已經超越了物質世界的存在，

而作為物質世界中的文字系統是

無法表述物質世界之外的真實，

想要了解真相，

只能靠你親自一探究竟了，

至於要怎麼去一探究竟，

也只能送你一句：

修仙吧，做人是
沒有前途的。

雖然作為人類，

可以說真的很羨慕這些天人的生活了，

但是他們雖然可以過着無憂無慮的生活，

也因為過於安逸，而失去了修學佛法的因緣，

因此他們最大的苦惱就是福報受盡後，

就會經過**天人五衰**的階段，

再度墮入輪迴。

阿修羅道

阿修羅道關鍵詞：**永遠在戰鬥**

阿修羅們的好鬥程度橫跨三界，

雖然阿修羅道也屬於三善道之一，

但是因為他們有着強烈的嗔恨和忌妒心，

並且他們打架的原則是只跟強的打，

因此隔三五天跟天人打架就是他們的日常。

注：阿修羅道中有一顆如意果樹，樹身長在修羅界，
樹枝卻延伸至天界，使得阿修羅眾生無法享用果實，
常常因此開戰並砍斷樹枝，但天界的眾生只需由上灑
下一種甘露，樹便會馬上重活過來。

天界

阿修羅界

憑什麼我們種的果樹，讓你們吃果子！

據說我們人類世界很多將軍死後

都會投胎到阿修羅道。

在與天人的戰爭中，

不計其數的阿修羅軍人會戰死——

須彌山旁有一個大海，

比我們地球上的海洋要大千萬億倍，

戰死的阿修羅們的鮮血會流入那個海中，

把整個大海都染成紅色。

阿修羅道和人道一樣，
同屬於**欲界眾生**，
因此他們也是**分男女**的，
男修羅經常在各道中搞事情，
好勇鬥狠，
可謂是六道中的**古惑仔本仔**。

而女修羅大多生的**美貌艷麗**，
經常恃靚行兇，壞人修行。

如果說天道是純粹的善，那麼阿修羅道的成分就很複雜了，
說它是天神，卻沒有天神的善行，和鬼蜮有相似之處。
說它是鬼蜮，可它具有神的威力神通。
說它是人，雖有人的七情六欲，
但又具有**天神、鬼蜮**的威力惡性。

儘管如此，阿修羅道的眾生論**環境**、**壽命**、
福報和智慧雖然低於天道，但是都高於人類。
他們在跟天人打架的戰場中，
常常戰敗，在戰場上悲慘的死去，
死後又會墮入三惡道。

天人

環境
壽命
福報
智慧

阿修羅

環境
壽命
福報
智慧

人

環境
壽命
福報
智慧

那麼三惡道又是怎樣的呢？
如果非要用一個字形容，那就是：
慘，而在這場比慘大賽中勝出的
首先是如雷貫耳的地獄道。

地獄道

説到地獄道，

我們地球人都不陌生，

因為這是唯一**打破中西次元壁**，

貫穿古今，穿透各種宗教壁壘，

達成的人類普世認知：

人類世界存在着一個死後的審判機構。

在佛界就被稱為地獄，

屬於六道輪迴中，

滯留人數最多，

生存環境最差，

苦難指數最高的一道，

是一個**只有苦沒有樂**的地方。

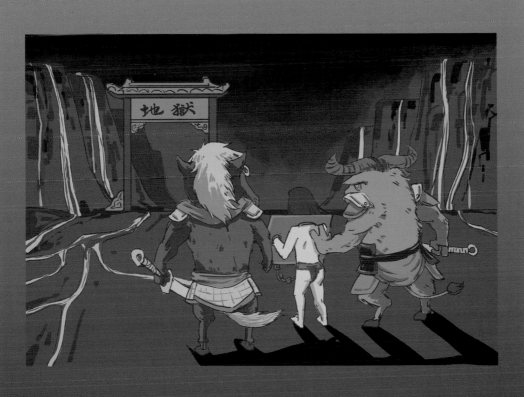

地獄道還可以細分為**八大地獄**、

八寒地獄、**遊增地獄**及**孤獨地獄**

四大部分。

八大地獄是地獄道中**最根本**，

到處是**火焰**，**熱氣**，

所以也被叫做 八熱地獄，

無間地獄就在這個部分的**最底層。**

so hot!!

八熱地獄

八寒地獄

這裡的眾生在冰川雪地上裸露着身體，

凍得全身僵硬，疱瘡裂開，

有些眾生只能發出啊啾啾的聲音，

而還有眾生連啊啾啾的聲音都斷了，

只有呼呼的嘆息聲，整個皮膚凍裂，

狀如蓮花，淒慘至極。

八寒地獄

遊增地獄

就是在八大地獄基礎上增加了**酷刑項目**,

還要讓人一個一個遊歷過去的地方。

八熱地獄每一地獄都有四門,

每一門又有四小地獄,

總共一百二十八地獄,

凡是從八熱地獄出來的眾生,

還要從遊增地獄一個一個體驗過來受苦。

遊增地獄

孤獨地獄，

聽起來好像苦難程度稍微低了一點，

但是可以說是人間地獄。身處這個地獄的眾生

看似生活在人間的山間江河邊，

但是都過着**非人且孤獨的生活。**

孤獨地獄的處所沒有固定性，

痛苦也是變化不定。有的夾在山岩間，

有的困在磐石內，有的凍在冰塊裡，

有的煮在沸水中，有的燒在烈火內。

好空虛，好寂寞，
荒山野嶺連個鬼
影也看不到～

孤獨地獄

這些地獄也並不是完全都在地面下，

事實上這些地獄處在不同的時間和空間中，

若與人間的時間比較，

第一層獄是以人間的

三千七百五十年為一年，

在這裡的眾生必須在此生活一萬年，

想要早死一天都不行，

而這一萬歲就相當於人間的

一百三十五億年。

而由於地獄的時間和壽命都是依次倍增的，

所以，到了第十八層地獄，

便以億億億年為單位，

如此長期的受刑時間，

可說是名副其實的萬劫不復。

在佛學系統中所說的十八層地獄
跟民間所理解的十八層地獄實際
上並不一樣，不是指地獄的一層層
直到第十八層，地獄是不分層次的，而
是按時間、受苦程度、區域大小來形容的。

鬼道

鬼道也稱為**餓鬼道**，

作為同樣屬於三惡道之一的餓鬼道，

聽起來似乎很恐怖，

但實際上餓鬼道眾生，

跟民間所理解的鬼並不是一回事，

嚴格來說人死後的亡靈並非成為鬼或餓鬼。

簡單說，就是

人是人他媽生的，
鬼是鬼他媽生的。

鬼道之所以稱為餓鬼，

是基於**不善業**的感召，

所以個個生得肚大如盆，

喉嚨如針，經年累月都吃不到食物，

見到食物就撲上去，

但是**喉嚨太細咽不下去**，

又或者食物瞬間化為火炭燒穿肚腸，

十分痛苦。

畜牲道

鬼道眾生的苦難指數比地獄道略低，

但是比畜牲道大，

從最小的**昆蟲到鯨魚及大象**都涵蓋其中，

除了這些常見的動物，據佛學系統闡述，

還包含**龍族及大鵬金翅鳥**等

我們並**不常見到**的動物。

作為三惡道中苦難指數

相對較低的**畜牲道**，

也算是三惡道中**受苦最少**的了，

但是想想大街上飢寒交迫的流浪貓狗，

想想被放在人類餐桌上各種雞鴨魚肉，

還有那些被人類畜養的動物，

或被**勞役、鞭打**，
或被**宰殺，取皮及骨肉**。

媽媽⋯

這一道的日子也是難捱的，
畢竟也不是誰都能投生成**網紅喵**，
享受飼主的高規格待遇。

那麼，六道輪迴是基於怎樣的因緣流轉呢？
簡單說，就是**做善業，就生於上三道**，
做惡業，就生於下三道，
當然，更多人是善業惡業都夾雜在其中，
並沒有純粹的只行善者，或者只作惡者，
這種情況下，就以哪部分的業力佔比更高來決定輪迴去處。

但是並不是善惡抵消，

而是根據善惡業，

分別**受福報**，或者**受罪報**。

在每一類別中的福報享盡或罪報受完，

便是一輪生死的終結，

同時，又是另一輪生死的開始，

生生死死，

死死生生，

就這樣在輪迴系統中**不斷刷機重來**。

所以，會有天道的天神因福報受盡後，

現五衰相，再墮入地獄受惡罪的情況，

也有在下三道罪報受完後，

直接逆襲的草根天神。

總之，

一切的戲碼都在輪迴系統中，

被安排得明明白白。

這些戲碼真正的創作者是你自己。

在這場自編自導自演的夢幻大劇中，
身兼編劇、導演、演員的身份的你，
與其他同樣沉醉其中的眾生一起，
體驗着生老病死、愛恨別離，
在這場名為輪迴的系統中，
流浪生死，顛倒夢想。

演員的自我修養
作者
史坦尼斯拉夫斯基

但是，也不要氣餒，
衝破輪迴也沒有想像的那麼難，
重要的是，你想還是不想。

莎士比亞 | *To be or not to be,*
that's a question.

輪
迴

相對於其他五道來說，

人道可謂是輪迴系統六個升級賽道中，

最大的 Bug 了，

為什麼這樣說呢？

因為這是**最具備選擇權**的賽道。

佛學系統中闡述唯有

人道是造業並兼受報，

其餘各道，都只是受報。

天道、阿修羅道以享受福報為主，
無暇再造新業，**下三道**以感受苦報
為主，很難有分別善惡的能力，唯有
人道，既能受苦受樂，也能分別何善何惡。

那麼問題來了，

你到底是**選擇繼續升級**，

還是**選擇墮落**，

你掌握着自己在輪迴中的命運，

同時也掌握着跳出輪迴的鎖匙，

所以，

你，**到底要如何選擇？**

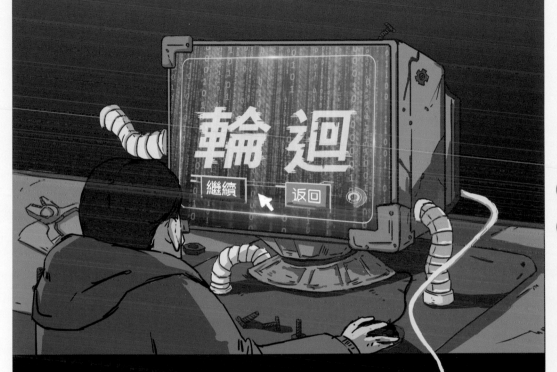

而當你真正意識到，

輪迴系統的本質

無非如同一場遊戲，

那時候，你怎麼可能
還會想在遊戲裡繼續沉溺，
當然是，

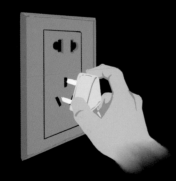

老子不玩了……

漫畫佛學之轉心思維

④

命運

命運

每個人的出生，不管是性別五官，

還是父母背景，都是注定的。

我們就像憑空寄來的一個包裹，

打開後無論是否滿意，

你都要照單全收，

沒有售後與退換。

不是我快，
是別人慢。

像風一樣的男子，
跑得那麼快！

命

運

人生中，

還有很多

說不清道不明

的事情存在。

有人天生聰慧，才智驚人；

有人呆頭呆腦，笨拙可憐。

有人努力刻苦，卻一生坎坷；

有人毫不費力，卻平步青雲。

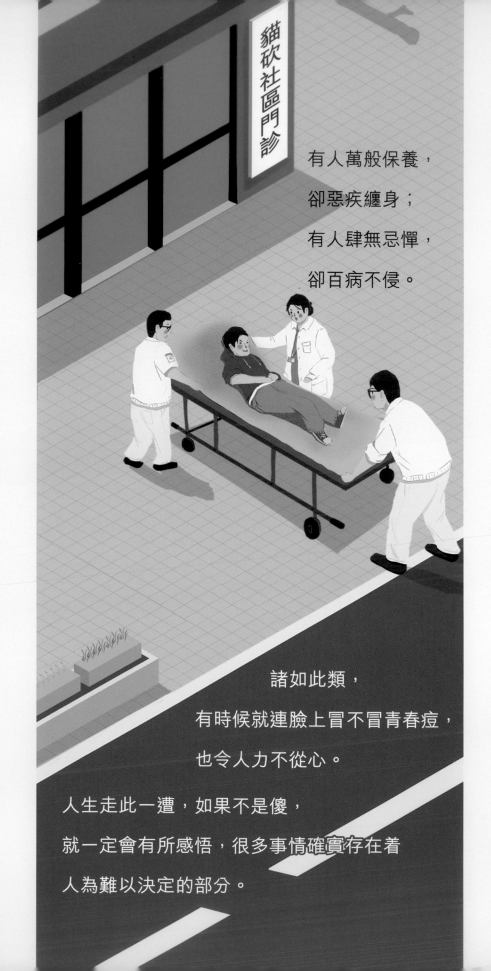

貓砍社區門診

有人萬般保養，
卻惡疾纏身；
有人肆無忌憚，
卻百病不侵。

命
運

諸如此類，
有時候就連臉上冒不冒青春痘，
也令人力不從心。

人生走此一遭，如果不是傻，
就一定會有所感悟，很多事情確實存在着
人為難以決定的部分。

對於這樣的現象，自古以來，

人們都在熱衷的探索，

渴望得到圓滿的解釋。

由此，宿命的學說也隨之誕生。

宿命論是早已有之的

一種世界觀，在人類的歷史上，

跟宿命有關的信仰和傳說常常俯拾即是。

最早可追溯到古代的

美索不達米亞或巴比倫。

注：巴比倫，古代四大文明古國之一
（約公元前 30 世紀—前 729 年），
位於美索不達米亞平原。

命
運

巴比倫的宿命論認為，

生活中發生的每一件事都是神的安排。

不過他們也認為，神會通過夢境、

動物行為、動物內臟……為人們啟示。

你查看一下祭牲的肝，

看看神指的是哪條路？

考古學家瓊·奧茨說，
巴比倫人相信，個別的人也好，
群體也好，命運通通都操縱在諸神的手裡。

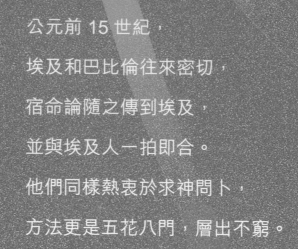

公元前 15 世紀，

埃及和巴比倫往來密切，

宿命論隨之傳到埃及，

並與埃及人一拍即合。

他們同樣熱衷於求神問卜，

方法更是五花八門，層出不窮。

看吧，天狼星又讓尼羅河氾濫了。

然而，
受巴比倫宿命論影響的
國家還不只埃及一個，
就連古希臘人
對宿命論也抗拒不了。

吉爾伯特‧默里教授說，
占星術對古希臘人所生的影響，
就像一種新疫症在
某個荒蕪小島上擴散起來。

外賣吃什麼？

等等，
我卜一卦看看。

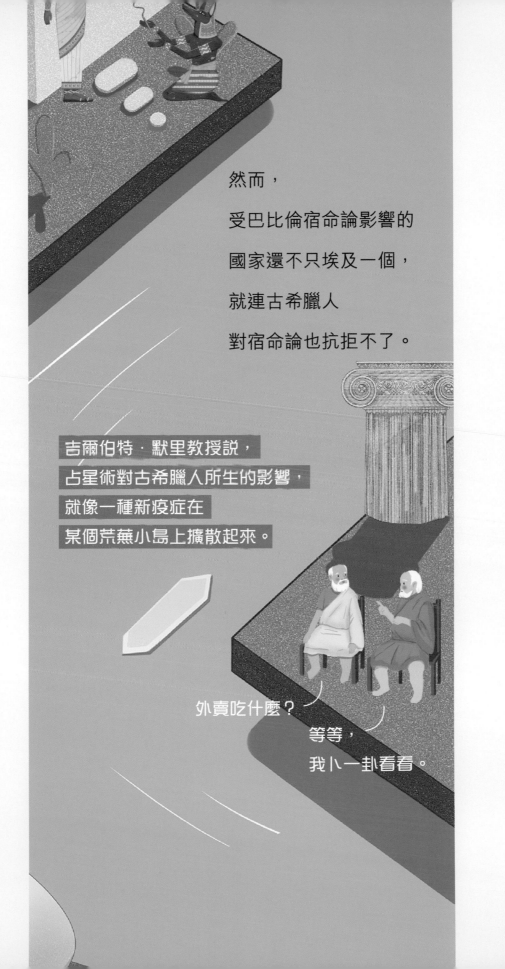

之後宿命論由雅利安人
帶到印度，
在與吠陀文化結合後，
也成為印度思潮中的
一派重要哲學。

宿命論也不僅限於異國社會，
在中國，考古發現的甲骨卜辭中，
「受命於天」的刻辭也
不只一次出現，
說明早在殷周時期，
宿命信仰就已經開始流行了。

命
運

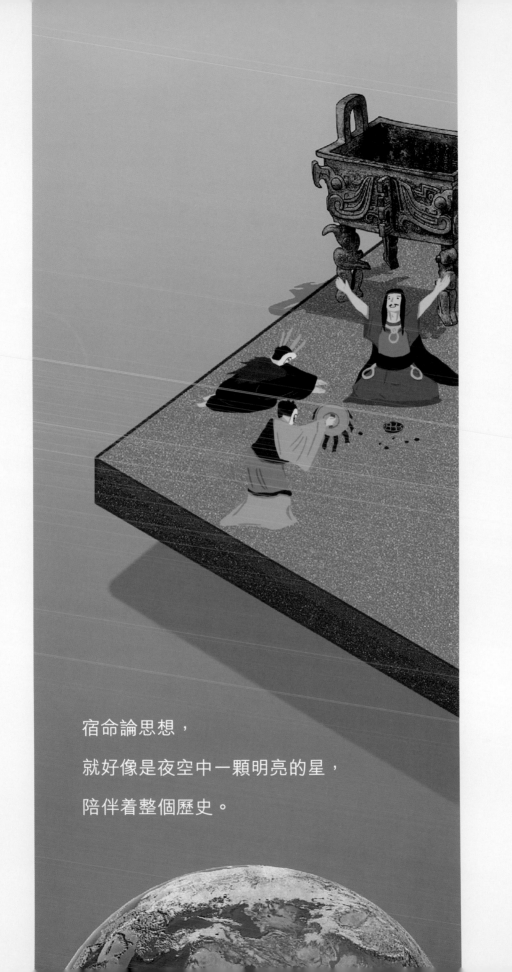

宿命論思想，

就好像是夜空中一顆明亮的星，

陪伴着整個歷史。

命
運

命
運

雖然如此，

但這似乎也沒能真正解答人們起初的困惑。

因為他們相信了神之後，

卻又進一步想不明白，

偉大的神為什麼要把世間安排得如此不平等，

且苦難不堪。

如考古學家塞繆爾‧克拉默說，

蘇美爾人相信，掌管宇宙的神把邪惡、

欺騙和暴力注定為生活的主要部分。

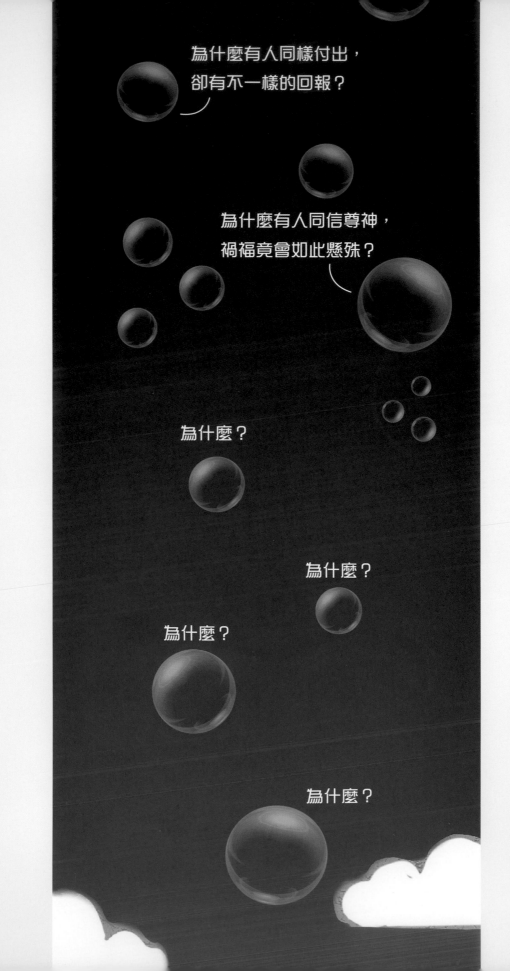

為什麼有人同樣付出，
卻有不一樣的回報？

為什麼有人同信尊神，
禍福竟會如此懸殊？

為什麼？

為什麼？

為什麼？

為什麼？

命運

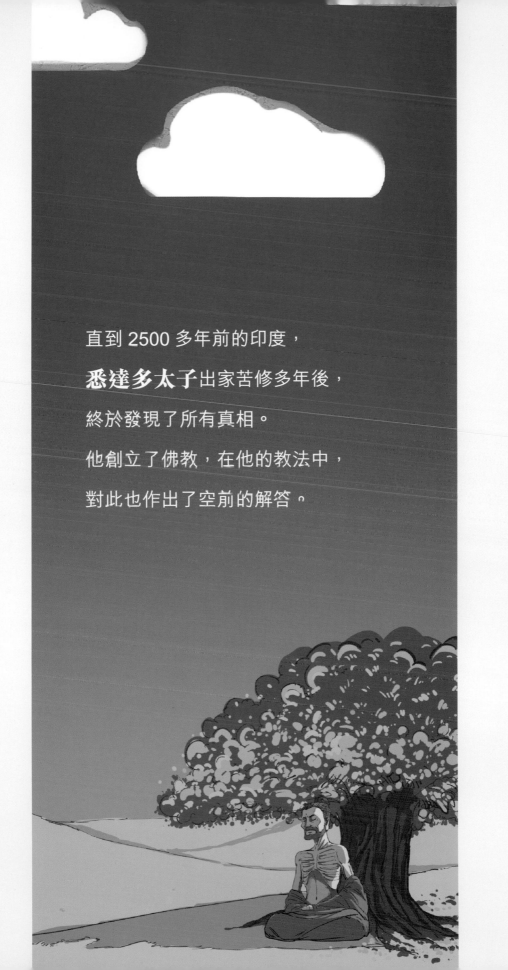

直到 2500 多年前的印度，

悉達多太子出家苦修多年後，

終於發現了所有真相。

他創立了佛教，在他的教法中，

對此也作出了空前的解答。

1
宿命論與佛教

有某種力量存在，影響着事態的發展，

對於這一點，佛教並不否定。

有所不同的是：

宿命論稱呼這個力量為**命**。

佛教稱呼這個力量為**業**。

命 業

宿命論認為「命」是**神或上天注定**。

佛教主張「業」是每個人

自己心、身行為造作而成的。

外來的力量　　　　自己造作

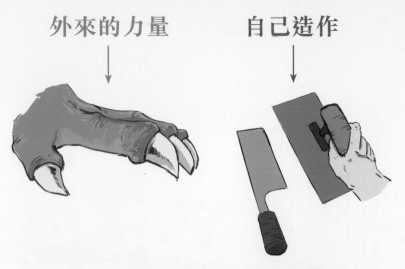

宿命論認為「命」**不可以自主改變**。

佛教主張「業」絕大部分是可以**通過懺悔
等修行而轉變**。

不可自主改變　　　　可以改變

宿命論聽天由命的思想，容易令人處世

不負責任，**悲觀消極**。

佛教「業」的因果報應理念，教人嚴以律

己，寬以待人，和諧共生，**樂觀積極**。

哎～一切都是命！　　努力～奮鬥

相比之下，佛教的這一世界觀似乎體現得更為圓滿，他即強調了個人**自身的主觀能動性**，又不忽略生命中存在的客觀現象。

命
運

因此，這一理念提出後，風靡至今，成為很多宗教都認同的主流思想。

2
什麼叫業

業，有造作的含義。我們日常遇境逢緣時，

所有的身、心行為，都會產生「業」，並留在心識中。

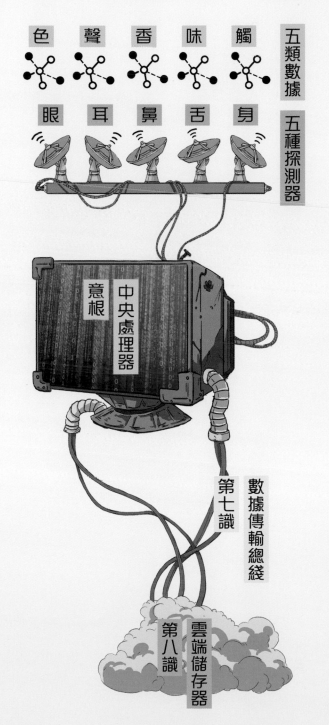

色　聲　香　味　觸　五類數據

眼　耳　鼻　舌　身　五種探測器

意根　中央處理器

第七識　數據傳輸總線

第八識　雲端儲存器

這些業就像種子，

以後會**成熟結成果實**。

所以業的體現過程也叫

因果報應。

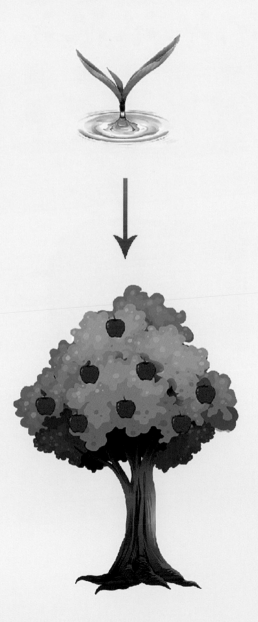

3
業之種類與性質

造業一般要通過**身、口、意**三個途徑進行，

其中：

身業有3種，

口業有4種，

意業有3種。

合起來有10種。

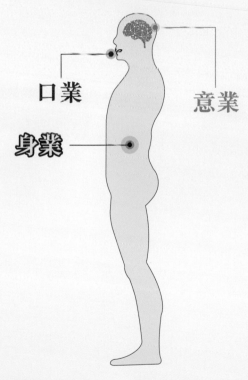

口業

意業

身業

如果性質屬於「惡」，就是佛教所説的**十惡業**；

如果性質屬於「善」，就是佛教所説的**十善業**；

如果性質不善不惡，就是佛教所説的**無記業**。

十善業

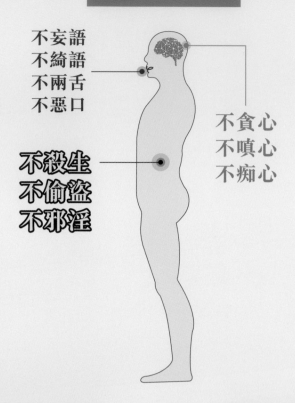

不妄語
不綺語
不兩舌
不惡口

不貪心
不嗔心
不痴心

**不殺生
不偷盜
不邪淫**

十惡業

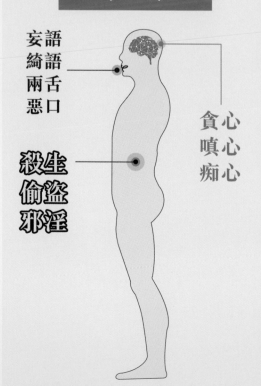

妄語
綺語
兩舌
惡口

心心心
貪嗔痴

**殺生
偷盜
邪淫**

無記業

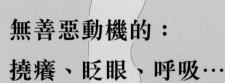

**無善惡動機的：
撓癢、眨眼、呼吸…**

4
引業

我們會來到人間，
都是因為過去的
舊業牽引，
沒有人間舊業，
就不可能投生做人。

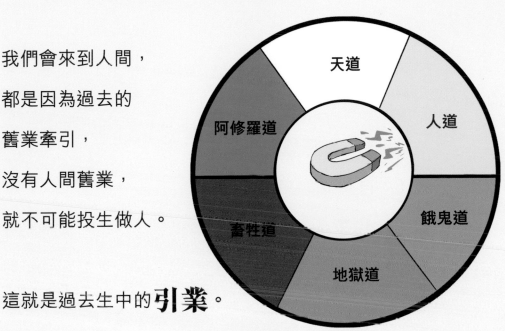

天道
人道
阿修羅道
餓鬼道
畜牲道
地獄道

這就是過去生中的**引業**。

我們來到人間之後，
以舊業為基礎，還會
繼續造作新業，
這些新業又會牽引
我們繼續投生
六道的某一道。

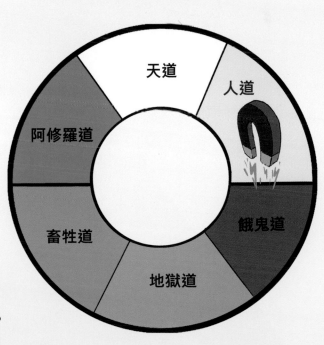

天道
人道
阿修羅道
餓鬼道
畜牲道
地獄道

這就是來生的**引業**。

5
業之共與不共

大家一起造的業，一起受果報，名為**共業**。

然而，共業中又有不共業。

一起投生人間這是大家的共業，

然而各自有不同的國家、家庭，及至性格，

這就是**共業中的不共業**。

174

又比如，大家聚餐一起吃個飯，這個飯局就是共業，吃完後大家都好好的，只有你鬧肚子了，這也是共業中的不共業。

6 業之深淺

有句話很流行：**若無相欠，怎會相見！**

實際上，從業的角度講也是如此，人與人之間都是因為**深淺業緣**的交織，才會聚散離合。

有的人緣深，牽手一輩子；

有的人緣淺，走着走着就散了！

比如，一個女人和某個渣男一起多年，受盡委屈，但很奇怪，她就是做不到不愛他。

直到後來有一天，那個女人發現，心中一直愛他的那個感覺突然消失了，於是她離開了他。這其實就是緣份盡了，也可以說是欠他的還完了！

7
業之生熟

人們所造的業裡面，熟的業會先報。

這也就是為什麼，有些人一直做壞事，

但卻身體健康，諸事順意。

因為他以前行的善業先熟先報，

現在的惡業還沒熟。

就像去年很努力種糧食的人，

今年哪怕天天玩，也有飯吃。

不過也不要太樂觀，

因為，一旦儲備的功德糧吃完，

這些惡報就會即刻現前。

所以佛教流行一句話：

善有善報，惡有惡報，
不是不報，時候未到。

又或者，今生如果持續造的惡過於重大，

也會導致惡果早熟，而招來**現世報**。

業報概況

人們因為不一樣的舊業牽引，

投生為不一樣的人，

形成不一樣的性格取向，

擇不一樣的路，

遇不一樣的緣，

作不一樣的判斷，

走不一樣的人生

再造不一樣的新業，

繼續不一樣的轉世。

循環

如此循環不息，無盡的輪迴。

我們隨着**善惡業力牽引**，

時而輪轉三**善道**（人、阿修羅、天）

時而輪轉三**惡道**（地獄、畜生、餓鬼）

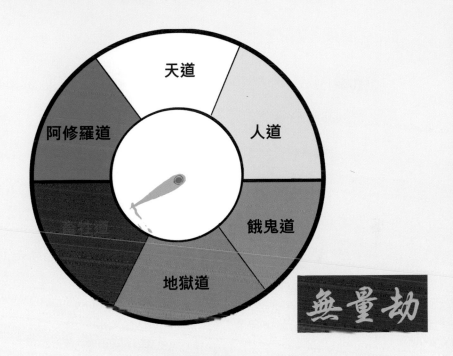

無量劫是我們造作了無量無邊的業，

業之繁廣，豎窮三際，橫遍十方，

彼此關聯，重迭不盡。

總而言之，

縱觀整個錯綜複雜的**身、心、世界**，

無不是「業」的交織呈現。

9
業與命運

如果不認識「業」，業就成命運，

你就會被命運的枷鎖徹底套牢！

就像身在夢中，不知是夢，

就會**任由夢境擺佈。**

如果認識了「命運」，**命運無非業**，

從此你便擁有創造命運的權限。

就像身在夢中，忽然知道是夢，

你在夢中就擁有了**自由意志**，

夢便開始受你影響，甚至你可以從夢中醒來。

注：在輪迴裡修人天福報，就類似在夢中改變
夢境，福報雖好，但終歸還是無常的夢幻泡影，
真正正確的作法是覺醒成佛。

改變命運的原理

佛教指出，任何一件事的形成，

都需要種種**因緣條件結合**才能成立，

包括**業果**。（即：緣起無自性）

如種子，需要**土壤、水、空氣、溫度**等

條件結合，最終才能結出果子。

種子 ＋ 土壤 ＋ 水 ＋ 空氣 ＋ 溫度

＝

梨

既然「果」是需要因、緣條件結合才能呈現，

那它就有破綻，我們就有機會改變它。

種下種子後，

如果其他條件改變，結果也會改變。

改變命運的方法

真誠懺悔

這裡的懺悔指的是，通過佛法起正思維，

追悔過去的錯誤，決心不再犯惡。

這樣一來，以前種下的不好種子，

在得不到因緣條件的持續支持下，

就不容易成熟結果。

種子 + ~~土壤~~ + ~~水~~ + ~~空氣~~ + ~~溫度~~

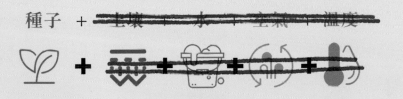

=

~~梨~~

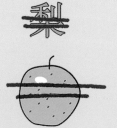

廣行善業

這裡的善業指的是，依佛法樹立正知見，

在遇境逢緣中，諸惡莫作，眾善奉行。

這就像已經漸漸成長的果樹，

我們如果對它施以**嫁接**技術，

果樹也會慢慢結出其他果實。

果子 1　　＋　　嫁接技術　　＝　　果子 2

因此，

懺悔與**行善**是改變命運的兩個關鍵，

缺一不可。

12
命運改變的效應

改變命運，並不是今生作下輩子改變，

而是當下就會開始潛移默化。

發善心廣行善業的人，

有可能還會遇見不如意事，

但實際他已經開始重罪轉為輕受，

當罪業受完，善報會即刻現前。

187

發惡心大作惡業的人，有可能還盡享如意，

但冥冥中他的福德已經在加快流失，

當福業受盡，惡報就會即刻現前。

改變命運的效應是否顯著，

也往往取決於**決心與執行力**。

歷史上，有個**袁了凡**先生，

本該命中無子，且短命，

後來在**雲谷禪師**的點化下，

他不懈的努力，最終徹底反轉，

不但得子，而且自己還長壽。

沒錯，還記得我嗎？

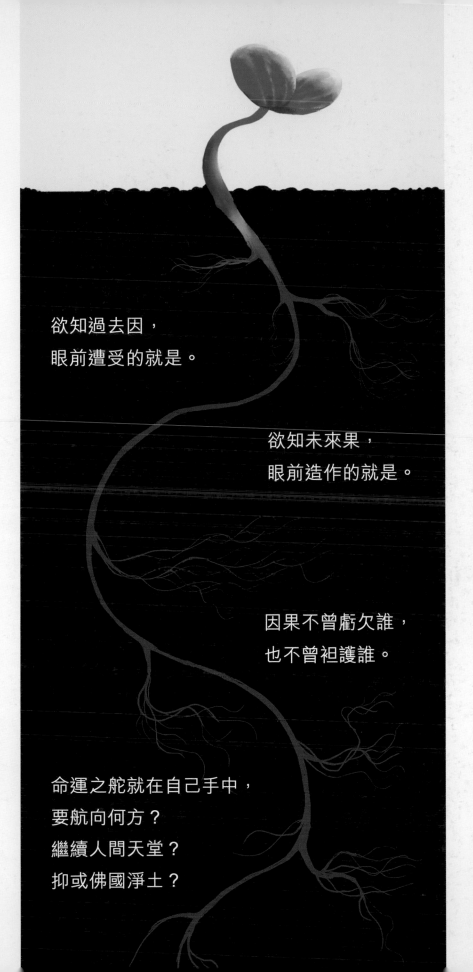

欲知過去因，
眼前遭受的就是。

欲知未來果，
眼前造作的就是。

因果不曾虧欠誰，
也不曾袒護誰。

命運之舵就在自己手中，
要航向何方？
繼續人間天堂？
抑或佛國淨土？

命
運

都從心出發吧！
播撒下一顆顆
「對」的種子，

終有一天它們會為你

帶來所有的消息。

努力

努力

努力

努力

命

運

創作聲明

本文創作是貓砍大畫創作小組努力參考各種歷史文獻，期望保留故事的原滋原味，同時為了方便廣大讀者更好的理解，部分情節和展現形式上難免有一些藝術加工，如有不盡人意的地方，敬請諒解。

人身難得

參考資料

《雜阿含經》　《提謂經》　《四十二章經》　《正法念處經》

《涅槃經》　《龍樹菩薩勸誡王頌》

撰文：慧玉　　視覺：潘超　　繪圖：梵榮、蕭瑟

無常

參考資料

《大智度論》　《俱舍論》　《佛學大詞典》

撰文：陳正果　　視覺：Tanco　　繪圖：BigMao、蕭瑟

輪迴

參考資料

《法華經·譬喻品》　《長阿含經》卷十九

《大智度論》　《大毗婆沙論》卷一七二　《前行廣釋》

撰文：藝曦　　視覺：原 er　　繪圖：BigMao、蕭瑟、楚茶

命運

參考資料

《大般涅槃經》　《金剛經》　《佛說十善業道經》

《優婆塞戒經》　《俱舍論光記》

撰文：陳正果　　視覺：原 er　　繪圖：BigMao

漫畫佛學 2 轉心思維

慧日永明文創：王玉蕙　張藝曦　陳振雲　沈宇航
　　　　　　　陳梵榮　何仁洪　陳予希　潘　超
　　　　　　　陳天航　李疆原　呂桂林

編輯：郭天寶　　設計：葉承志

出版
正文社出版有限公司
香港柴灣祥利街 9 號祥利工業大廈 2 樓 A 室

承印
天虹印刷有限公司
香港九龍新蒲崗大有街 26-28 號 3-4 樓

發行
同德書報有限公司
九龍官塘大業街 34 號楊耀松（第五）工業大廈地下
電話：(852)3551 3388　　傳真：(852)3551 3300

台灣地區經銷商
大風文創股份有限公司
電話：(886)2-2218-0701　　傳真：(886)2-2218-0704
地址：新北市新店區中正路 499 號 4 樓

未經本公司授權，不得作任何形式的公開借閱。　　翻印必究
第 1 次印刷發行　　　　　　　　　　　　　　　　2023年6月